Morada do vazio

Ricardo Corona

ILUMI//URAS

Copyright © desta edição
Editora Iluminuras Ltda.

Copyriht © dos poemas
Ricardo Corona

Tradução do tanka para o japonês
Yoshiko Sakamoto

Projeto gráfico
Eliana Borges

Revisão
Melissa Maciel Paiva
Nylcéa Thereza de Siqueira Pedra

CIP-BRASIL. CATALOGAÇÃO NA PUBLICAÇÃO
SINDICATO NACIONAL DOS EDITORES DE LIVROS, RJ

C836m

    Corona, Ricardo, 1962-
      Morada do vazio / Ricardo Corona. - 1. ed. - São Paulo : Iluminuras, 2023.
    120 p. ; 21 cm.

    ISBN 978-6-555-19203-2

    1. Poesia brasileira. I. Título.

23-85462   CDD: 869.1
                          CDU: 82-1(81)

Gabriela Faray Ferreira Lopes - Bibliotecária - CRB-7/6643

04/08/2023   09/08/2023

2023
ILUMI/URAS
desde 1987

Rua Salvador Corrêa, 119
04109-070 - Aclimação - São Paulo - SP
Tel./Fax: 55 11 3031-6161
iluminuras@iluminuras.com.br
www.iluminuras.com.br

Morada do vazio

"Morada do vazio" é o nome que foi dado à casa de chá (chaseki) quando o chá deixou de acompanhar as meditações no Salão de Meditação dos Mosteiros. A cerimônia do chá passou a ser praticada nestas moradas do vazio, situadas em um canto do jardim, feitas com estrutura de papel e teto de palha de arroz. (N.A.)

O oriente do meu tanka[1]

Morada do vazio é o meu primeiro livro de tankas, a forma mais praticada no Japão desde o século VII, quando a composição era feita por três estrofes, sendo duas com dois versos e uma com um verso, pontuando 31 sílabas: 5-7 | 5-7 | 7. Preferida pelas mulheres, a forma do tanka ganhou força na tradição literária quando se originaram os diálogos Soomon (amor), do gênero epistolar. A troca de cartas contendo tankas de amor no Soomon, por sua vez, veio dos diálogos cantados, feitos em Katauta (terceto de 5, 7 e 7 sílabas) e apresentados em tom lírico, cômico e satírico, durante as festas religiosas do século VIII. Passou para a forma bipartida de uma estrofe com três versos – a caminocu – e outra com dois – a ximonocu – somando as mesmas 31 sílabas: 5-7-5; 7-7. Caminocu e ximonocu significam "estrofe anterior" e "estrofe posterior", respectivamente. O fato de o tanka, posteriormente, ainda no Soomon, ter sido praticado por duas pessoas – emissão e resposta, sendo o envio da primeira parte e a resposta pela segunda – influenciou a forma renga – literalmen-

---

1. Agradeço a Teiiti Suzuki pelo ensaio "De renga a Haikai", de 1979, e a Geny Wakisaka pelo ensaio "Estudos sobre poemas japoneses - Séc. VIII", de 1991. Ambos publicados na Revista Estudos Japoneses, v. 1 e 11 (USP), onde obtive as informações a respeito das regras que apareceram na antologia *Kakyôhyôshiki*, de Fujiwara Hamanari, concluída no ano 3 da era Hôki, em 772, a qual não se encontra traduzida para nenhuma língua e permanece em japonês antigo.

te, "versos encadeados" – que veio a se popularizar mais tarde com a prática do haiku, ou como se popularizou entre nós: haikai.

A tradição de inserir o poema na correspondência epistolar tornou comum entre poetas a feitura de prefácios ou cartas comentando a respeito das ideias e escolhas envolvidas, de certa maneira, poupando os próprios poemas dessa obrigação. Percebe-se essa característica nas antologias organizadas a cada dinastia, em poetas como Yakamochi, Rikuki e Yamanoureno Okura, por exemplo. Os documentos do Japão antigo, no entanto, omitem o nome das poetas mulheres, mas sabe-se hoje que elas sempre praticaram o tanka, desde o início, mas só começaram a ter visibilidade no chamado florescimento da cultura japonesa, quando Quioto passou a ser a capital (794 a 1185), período em quw surgiram as poetas Ono no Komachi e Izumi Shikibu.

No Brasil, o tanka é pouco praticado se comparado ao haiku e, por isso, gostaria de apresentar algumas ideias e acontecimentos que orientaram os tankas de *Morada do vazio*, os quais compreendem parte de uma produção que se iniciou mais assiduamente a partir de 2010. No entanto, o meu interesse surgiu bem antes, e, assim, torna-se oportuno apresentar neste livro algumas lembranças, aproximando-o da tradição epistolar e confessional do Soomon, com um e outro acontecimento que me levaram a admirar e escrever poesia nesta forma japonesa.

O primeiro foi com o breve ensaio de Leminski sobre as manifestações artísticas japonesas, intitulado "Ventos ao vento: rabiscos em direção a uma estética" e publicado no Jornal Nicolau n° 5, de 1987, em que me apareceu pela primeira vez a palavra tanka. Por causa do seu som percussivo, senti empatia imediata pela palavra e a anotei num caderno. Mas o texto do Leminski não ia além de citá-la. A partir desse contato, de raspão, comecei a pesquisá-la e foi um verdadeiro acontecimento. O tanka é fundador da "ideia" de poesia (waka) no Japão antigo, conforme documentos do século VII. No Oriente o conceito grego de poesia (poiésis) não se desenvolveu como no Ocidente e o tanka, que era uma forma isolada, na qual se reconhecia o fenômeno que chamamos "poesia", acabou por influenciar na criação de um termo próprio para ela. Assim "poesia" passou a ser chamada de "waka". O termo, no entanto, aproxima-se mais de "tanka" do que de "poiésis".

O segundo acontecimento se deu em 1994, mais confessional, quando Wilson Bueno me chamou à redação do Jornal Nicolau. Ele havia recém-publicado uma série de meus poemas caligráficos, por indicação do seu editor-auxiliar, Fernando Karl. Ao final do encontro, para minha surpresa, ele me deu de presente o original autografado do seu livro de tankas, *Pequeno tratado de brinquedos*. Um caderno com espirais que guardo até hoje e que estava em vias de publicação, o que veio a acontecer dois anos mais tarde, pela Editora

Iluminuras. A minha pesquisa sobre o tanka ainda era insipiente, ficava em torno de ensaios que traziam também alguns exemplos de tankas traduzidos, ensaios esses que eram escassos, com traduções meramente ilustrativas. Um livro de tankas escrito por um contemporâneo era mais raro ainda. Não havia a profusão de poetas praticantes do tanka como havia em relação ao haiku. Enquanto o haiku era uma febre nacional, o tanka mantinha-se desconhecido. Se compararmos, ainda hoje o é. Motivos que fizeram aquela empatia inicial pela palavra "tanka" se transformar em encantamento com a coleção de tankas que tinha em mãos, por serem inéditos, contemporâneos e de Wilson Bueno, a quem eu admirava como escritor, também por me ter confiado a leitura; acontecimentos que me estimularam a pesquisar ainda mais a forma japonesa, irmã mais velha do haiku.

Em português, sabe-se, é muito difícil manter a montagem silábica nos versos sem endurecer o poema, dada a diferença aguda entre as línguas japonesa e portuguesa. Na medida do possível, para os tankas de *Morada do vazio*, aplicam-se os ensinamentos apontados por Fujiwura Hamanari em sua obra *Kakyôhyôshiki* — um estudo sistemático da poesia japonesa, escrito a pedido do imperador Kônin e concluído no ano 3 da era Hôki, mais precisamente, em 772. Este estudo, divulgado entre nós por Geny Wakisaka, é um pequeno tratado de regras, em especial para o tanka, considerando que Hamanari escolheu essa forma para aplicar suas normas, que devem ser adotadas para uma melhor estrutura fonética. Hamanari apenas indica o que considera as sete enfermidades que não se deve praticar ao escrever o tanka. São elas: Tôbi, Kyôbi, Koshibi, Hokuro, Yûfûbyô, Dôseiin e Henshin.

É preciso dizer que as sete enfermidades são voltadas, sobretudo, para o uso dos fonemas e, sendo assim, deve-se avaliar se uma correspondência grafofonêmica ou grafofônica define as relações sonoras entre letras (grafemas) e sons, sempre considerando que os sons ocorrem na modalidade oral da linguagem e as letras na modalidade escrita da linguagem. Deve-se, então, levar em consideração a especificidade das línguas em questão. Na China – em que se inspirou Hamanari –, o mandarim, que é uma das mais faladas, é tonal. Os monossílabos se dão conforme entonações de altos e baixos bem acentuados. Determinada entonação define e determina a compreensão do seu significado. O japonês, por sua vez, é predominantemente dissilábico, com menor variação tonal, mas bem mais próximo do idioma chinês do que o português, que é diferente de ambos por ser uma língua não tonal. Para ilustrar essa diferença, tomando justamente o idioma japonês como exemplo, já que é a língua correspondente, dada a presença do tanka, observe-se apenas o caso da classe gramatical Keiyôshi. Segundo Junko Ota, o "Keiyôshi se caracteriza, sintaticamente, pelas funções adjetiva, adverbial e predicativa que pode exercer dentro de uma oração". Em português, é impossível dar por si só, sem auxílio do verbo, um predicado ao adjetivo. Por isso avalio que o estudo de Fujiwara Hamanari é, sobretudo, eficaz para o tanka inserido na sua tradição linguística, ou seja, o tanka escrito em japonês. Isso não quer dizer que o valioso estudo de Hamanari não deva ser aproveitado entre nós. É o que demonstrarei a seguir, com um detalhamento das regras e como as utilizei.

O Tôbi é, talvez, a regra mais fácil de se adaptar em português. Basicamente, sugere que se evite a rima entre os finais do 1° e 2° versos.

O Kyôbi é um alerta contra qualquer correspondência sonora entre o final do 1° verso e a terceira letra do 2° verso. Procurei aplicar o quanto foi possível, pois é uma regra que ajuda a evitar a repetição enjoativa de fonemas, considerando que o tanka é um poema breve. O Kyôbi é uma das regras criadas para se evitar que o tanka, ao ser vocalizado, fique incompreensível e mesmo cacofônico. Em português, salvo exceções pontuais, em função de ser uma língua não tonal, esse risco é menor. Mesmo assim, utilizei-me do Kyôbi, na justa medida, evitando que o meu tanka se contaminasse de excessos, um cuidado que tive em relação à outra regra, o Koshibi.

O Koshibi é, talvez, a enfermidade que mais se deva evitar, dada a facilidade enganosa com que a rima trocadilhesca contamina o poema curto. O Koshibi exige que o fonema principal do tanka apareça no final do 3° verso e repercuta apenas no final do 5° verso, evitando os demais. Deve-se buscar esta rima que sonoriza entre si nos finais do 3° e 5° versos, pois daí emerge uma estrutura sonora que repercute tanto na leitura silenciosa quanto na oralidade do tanka. O Koshibi põe em questão a enfermidade do excesso de rima.

A regra seguinte, Hokuro, é, praticamente, uma extensão do Koshibi e aparece como alerta quando o fonema principal do tanka, que deve ocorrer no final do 3° verso, é antecipado em algum fonema do 1° e do 2° versos ou antes do final do 3° verso. As razões são as mesmas apontadas anteriormente nas enfermidades Kyôbi e Koshibi e, a meu ver, observadas as diferenças entre as línguas, muitas vezes, em português, entra em jogo a qualidade sonora do tanka. Apliquei essa regra para evitar excessos.

Regra simples de evitar, a Yûfûbyô alerta para não repetir o fonema no meio e ao final do 1° verso. Mas é bom lembrar que o português é uma língua atonal e, por isso, muitas vezes, ao aplicar duramente essa regra, corre-se o risco de menosprezar uma assonância que pode repercutir satisfatoriamente no poema, especialmente quando lido em voz alta. Mas ela ajuda a eliminar cacoetes.

A Dôseiin evita a repetição de ideogramas. Trata-se de uma regra exclusiva para as línguas icônicas. Em português, seria algo parecido com a repetição do adjetivo "rota", de modo que não ficasse claro se está se referindo a uma condição maltrapilha ou para indicar um caminho.

A regra Henshin quer evitar o uso em excesso de um mesmo fonema. Ela se assemelha às outras regras, mas sua singela diferença é de grande valor. Atentamente, percebe-se que ela evita o excesso de fonemas que pode aparecer ocasionalmente na escrita do tanka. Em japonês e mais ainda em chinês é um problema, pois o tanka pode ficar condenado ao papel, ficando ininteligível em voz alta. Em português, a questão é também delicada. A profusão de fonemas se repetindo ao acaso poderá deixar o poema com uma estrutura sonora indesejável, infantilizada.

Pode-se dizer que o tanka composto em português apresenta os mesmos problemas que envolvem o haiku, ou seja, dadas as diferenças abissais entre as línguas, é evidente que a sua mera repetição formal poderá engessá-lo. A forma, na verdade, cria uma singularidade ao poema, mas é preciso que a poesia aconteça. Fazer uso dela, mas mantendo-se livre de sua rigidez e buscando o waka para tankas que serão inevitavelmente brasileiros. Nesse sentido, como admirador do artista Hokusai, procurei seguir o espírito do ukiyo-e, aplicando esse conceito budista que acessa a simplicidade mundana da vida, seus pequenos e fúteis movimentos. Menciono Hokusai porque foi com a sua arte que aprendi a ver e sentir o ukiyo-e, inclusive na derivação dada por ele, aproximando esse olhar sobre o cotidiano com um "viver o dia", que é também tão budista: viver o aqui e agora. Meus tankas são medidas desse olhar. Por isso, sinto-me à vontade, livre, inclusive, para encontrar a forma do tanka em outros poemas, como encontrei um tanka envolto em ukiyo-e, por exemplo, no poema em prosa "L'étranger"[2], de Baudelaire. É o final do poema, que traduzi e distribuí na forma do meu tanka abrasileirado:

J'aime les nuages...
les nuages qui passent...
là-bas...

là-bas...
les merveilleux nuages!

Amo as nuvens...
as nuvens que passam...
lá longe...

lá longe...
as maravilhosas nuvens!

Ricardo Corona
Recreio da Serra, inverno de 2023.

2. BAUDELAIRE, Charles. "L'étranger", in *Le spleen de Paris*. Paris: Gallimard, 2006, p 105.

manhã de monge
Hokusai e sua onda
mesmo longe

mudar como muda
o monte Fuji

11 de março de 1945

A Akira Kurosawa, pelo seu *Rapsódia em agosto*

aroma do chá
no silêncio da casa
me traz aconchego

não foi assim em Tóquio
naquela manhã de domingo

11.03.2017

tempos de ódio
acalme os ombros
o haiku ensina

viver uma a uma
as três tardes

ai, meus sais
saudades de sair por aí
de sol a sóis

sibilando bem os esses
trocando aerossóis

nossos ais
eram de prazer
aí veio a aids

aí a máscara
ai de nós

neste outono
ganhamos duas mudas
de banana-ouro

Mariah as cuidou
feito um tesouro

diante da teia
mesmo grande
o bicho desvia

tem respeito
pela caça alheia

desperto antes do sol
para surpreendê-lo
mas ele não vem

acho que se enroscou
com uma nuvem

Ao Caetano Sartori, meu médico e parceiro

música e poesia
duas forças vivas
sempre por perto

parceria que hoje
pulsa no peito

tempo de pandemia
viver no mato
sem neura e feliz

o eremita até arrisca
o dedo no nariz

À amizade de nossas cachorras,
Olívia e Mariah

tanka da amizade:
um cão cheira o outro
está feito o caminocu

o outro cão revida
está feito o ximonocu

tarde de vento
a árvore dança
o samba suave

de João Gilberto
— aqui dentro

Para o primeiro ano da Clara, nossa gatinha

cada ano de vida
da minha gatinha
valem sete dos meus

hoje sou seu pai
amanhã ela será minha mãe

a humanidade em sete dias
foi o hokku de Deus
assim o tanka indaga:

no que deu
o haikai-no-renga?

O bairro Vila Oficinas, em Curitiba,
surgiu como vila operária da Rede Ferroviária
Federal Sociedade Anônima - RFFSA.

Vila Oficinas
o operário acorda
com o trem

só no sol a sol
o sol vem

entxeiwi
carpe diem
ukiyo-e

viver o dia
trilíngue

domingo de manhã
presença amiúde
a garoa cai

formigas indo
bossa-nova e bonsai

Sobre uma das lendas do surgimento
da cerimônia do chá nos Mosteiros

num cochilo za-zen
Bodhidharma em fúria
cortou as próprias pálpebras

nasceram no chão
as primeiras folhas de chá

o pensamento viaja
me leva até Java
na planície de Kedu

ao menos em sonho
sentir Buda em Borobudur

o pensamento voa
cada vez mais longe
nesta silenciosa manhã

agora está em Karakorum
na corte de Gengis Khan

Ao conhecer a obra "Raiz",
do artista chinês Ai Weiwei.

as fases da lua
guardadas nos cinco cofres
— jamais esquecerei

todos de madeira huali
e feitos por Ai Weiwei

MON, 28.07.2019

Para o Moreno,
meu parceiro de leitura

hora de ler
o gato se assanha
pula no colo

devir-livro
diante dos olhos

após o susto
acordei longe dos bichos
sem nossa troca de olhares

mas havia afeto no olhar
das enfermeiras

HC, 19 de maio de 2019

bosque de álamo
bosque de bétula
o que os torna desigual

é a memória do horror
Auschwitz-Birkenau

não é mau sujeito
quem não sabe falar
com os animais

é apenas mais um
nem menos nem mais

início do dia
ao sair de casa
depois de uma noite ruim

o uivo da Mariah
é meu "carpe diem"

noite de ventania
por toda parte
pétalas de jasmim

manhã perfumada
em meu jardim

Para Cauê e Marina,
que me ensinaram
a arte de cultivar cogumelos

tronco inoculado
choque térmico
bater de leve as toras no chão

eis que expectora
uma comunidade shiitake

guarda-sol furado
feixe de sol
ilumina o haiku na página

fez nascer este tanka
pra lua que virá em breve

a formiga invade
por dentro dos óculos
lenta invasão

um cão andaluz
entre lente e visão

junto à margem
da bacia de Guaratuba
juncos invasores

servem de ninho
aos pássaros nativos

ontem na chácara
o nascer do sol
com chá de sakura

a alegria debaixo
de uma ameixeira

hoje na chácara
pôr do sol
com saquê

com os vaga-lumes
os sonhos que se quer

diz a lenda
antes do sol se pôr
olhe-o fixamente

aí feche os olhos
quentura no coração

Na cultura japonesa,
os rituais com chá cítrico
estão associados à lembrança

pé de fruta cítrica
lembrei agora
por que gosto tanto de ti

anos atrás
joguei sementes aqui

o frio que me invade
não vem da nevasca
nasce dentro de mim

vê aquele corvo?
é a minha imagem

Diante de uma caligrafia
de Minamoto no Toshiyori

cerrando os olhos
arrisco ler o tanka
em japonês

surge este poema
em português

aquelas nuvens
que lá estão
já são outras

sempre iguais
em sua diferença

chupando manga
com as cachorras
tudo em mim resiste

carpe diem
Hilda Hilst

ele não
suporta flores
a primavera vem

vêm com elas
as mulheres

Primavera de 2018

as borboletas não migram
elas sugam orvalho
sobrevivem ao outono

desejam o verão
luta vã contra o inverno

eis a encruza
enfim nova rota
lá atrás anunciada

na pequena forquilha
no chão da estrada

tarde de ventania
desfolha a cerejeira
flores voam sem rumo

visita surpresa
às heras no muro

Aos imigrantes de todo planeta

em tempo ruim
até as nuvens
enfrentam a ventania

atravessam a fronteira
em busca de cidadania

ao fechar o livro
esmagou o inseto
— mancha de culpa?

apenas reencarnou
em ilustração de página

praça vazia
dou água às cachorras
retiro Bashô da mochila

uma manhã de poesia
não fosse o mala vindo

de tanto dormir
não pude ver
o nascer do sol

agora só há nuvens
— verei o girassol!

À Marilia Kubota

dificilmente visitarei
o interior do Japão
e toda sua beleza

gratidão aos haikus
e suas imagens de natureza

quando eu morrer
abram a minha barriga
com os tufos de pelo da Olívia

façam um travesseiro
pra minha partida

manhã no hostel
ele pisa na borda da bacia
a água transborda

o banho de ontem
ganhou mais um dia

olhares e mãos fizeram
com que ele dissesse
com sinceridade

no hashi de ambos
sashimi de fugu

Colhi physalis no Recreio da Serra
bem no instante que uma borboleta voou
pela primeira vez

voo da borboleta
que sua vida de larva
tenha sido feliz

como é saborosa
essa physalis

meio do dia
a lágrima vem
no corte da cebola crua

ninguém percebe
que é lembrança sua

quero-quero
teu canto estridente
traduz a vida

destes dias
entredentes

café da manhã
aqui e agora
a vida acontece

bolo de fubá
com sementes de erva-doce

formas, cores e perfumes
me fazem esquecer
do que preciso fazer

as flores estão aí
as folhas secas também

sob a amoreira
puxando os galhos
súbito susto

dedos avermelhados
cor de sangue

descanse a mente
seja pra onde for
haverá primavera

o melhor da caminhada
é a caminhada

ao Luan Valloto

periquitos brincam e bicam
comendo das flores
somente a base

embaixo do ipê
chuva de pétalas lilases

mínima nuvem
você não está sozinha
no imenso azul

ninguém quis me ouvir
estou ao vento

cerejeira em flor
descansei
em tua sombra

agora canto as vogais
do teu nome: *ee ee ee i a*

catando grimpas
de repente
ouço gritos ao longe

ai, espetei o dedo
no espinho, aqui

jabuticabeira
estou feliz em revê-la
tão sublime e altiva

caule e galhos
com olhos negros

no silêncio da lagoa
as carpas se agitam
com minha chegada

ou será a poesia
de minutos atrás?

nuvens esparsas
vagueiam ao vento
sem nada levar

parceiras aéreas
do meu vagabundear

quarto do hospital
lagartixa na parede
até aqui um haiku

não fosse lá fora
o trânsito em transe

HC, 21.05.19

Ao Vitor Ramil

chuva amiúde
grato por se solidarizar
com minhas lágrimas

porque é minha
a tempestade

dia de vento
as cortinas
um evento

tudo quer vir
para dentro

faixa de gaza
roupas brincam
no varal

camisas de soldado
meinhas de menina

tormento
que tudo passe
passe nuvem a nuvem

levando meus ais
na tempestade

À Mangueira, campeã do Carnaval 2019

verde e rosa
nem aí
pro verde-amarelo

lição na avenida
mangueira

de repente
num único gesto
surge a sumi-ê

cheia de manhãs
e meditação

forma alguma
conforma a água
a água se molda

ao vazio da forma
ou deforma a morada

Para Sérgio Medeiros

na caligrafia
caracteres se abrem
aos saberes:

pincel, tinta, papel, tinteiro –
língua, gesto e poesia

ideograma chinês
da mais antiga língua viva
reverencio seu desenho

e sentido
em português

casa vazia
o gato hesita
entre som e sentido

— em silêncio
salta para o ar

viagem na janela
Bob Marley na cabeça
a paisagem passando

em mais de uma
árvore rastafári

dia nublado
nuvens nômades cruzam
a fronteira

nem aí
pra bandeira

tarde de agosto
o vento sibila no bambuzal
mas são as cadelas

que anunciam
a tua chegada

janela aberta
o gato brinca
sobre o parapeito

pisando bem na linha
do horizonte

oitavo mês
ela ouve o choro do bebê
na barriga

é o pajé
quem chama

a época de caqui fuyu
passou e com ela
se foi a mancha

na tua camisa
— percebi no adeus

nuvem nublada
passou sombria
e nem chover, choveu

só mesmo sua sombra
monstra sombra

A Eliana

a ruga no rosto
marca ideograma
do nosso amor

ao seu lado
seja para o que for

cadelas na guia
apressam o passo
minha mente agita

enfim, a praça, ufa!
solto-as e o tanka salta

ano ímpar
dois versos a mais
no haiku

o waka migra
para o tanka

primeira hora do ano
li num tanka
que se deve fazer um haiku

ih, engoli o caroço
por engano

há dois dias
pra este ano morrer
e outro nascer

apesar de tudo
viverei cada segundo

29.12.2017

rua das árvores
galhos se abraçam
toque de folha

feixe luminoso de sol
Pollock nos olhos

lagartixa no hospital
um haiku
trocando de pele

com a carcaça
de um tanka

HC, 22.05.2019

desejo extravagante
um naco cítrico
de uma fruta

do planeta
mais distante

trouxe pra casa
o pequeno talo
caído na calçada

instantes finais
de beleza e morte

chuva surpresa
deixei as janelas abertas
as cortinas estão sujas

limpas e secas
estão as toalhas

folha de outono
doou sua cor e caiu
— seca e sem viço

veio marcar
esta página

Traduzindo Michaux

Lao-Tsé, o velho sábio rabugento
atira pedras e se retira
mais pedras e, de novo, cai fora

as pedras são frutas
que ele atira sem descascar

Aos manifestantes chilenos
que ocuparam as ruas em 2019.

América Latina
ardendo em chamas
chama teu povo

*después del fuego, brotaremos
como el bosque nativo* *

* Os dois versos finais são escritos das faixas dos manifestantes.

acordei tarde
sobrou uma tâmara
na mesa do café

bendito seja
o ditado árabe

Ricardo Corona (1962) nasceu em Pato Branco, cidade próxima à tríplice fronteira Brasil-Argentina-Paraguai. Poeta e editor, tem atuado nas áreas de tradução, poesia, poesia sonora, publicação de artista, edição, performance, ensaio e curadoria de literatura e artes visuais. Em 2020, recebeu o prêmio **Reconhecimento de Trajetória** (1º lugar); também em 2020, o livro de haikus *Nuvens de bolso* recebeu o prêmio **Outras palavras**; e em 2011, com seu livro *Curare*, recebeu o prêmio **Petrobras** e, em 2012, foi finalista do **Jabuti**. É autor dos livros *Cinemaginário* (SP: Iluminuras, 1999; SP: Patuá, 2014), *Tortografia*, com Eliana Borges, (SP: Iluminuras, 2003; Curitiba: Medusa, 2003), *Corpo sutil* (SP: Iluminuras, 2005), *Amphibia* (Porto, Portugal: Cosmorama, 2009), *Curare* (SP: Iluminuras, 2011), *¿Ahn? [Abominable Hombre de las Nieves]* (Madri, Espanha: Poetas de Cabra Ediciones, 2012), *Ahn? [Abominável homem das neves]* (Jaraguá do Sul: Editora da Casa, 2012), *Cuerpo sutil* (Santiago de Querétano/ México: Calygramma, 2014), *Mandrágora* (Ponta Porã: YiYi Jambo, 2016; Curitiba: Medusa, 2ª edição ampliada, 2017) e *Nuvens de bolso* (SP: Iluminuras, 2023); e dos CDs de poesia *Ladrão de fogo* (Curitiba: Medusa, 2001) e *Sonorizador* (SP: Iluminuras, 2007; Curitiba: Medusa, 2007). Traduziu, em parceria com Joca Wolff, os livros *Momento de simetria* (Curitiba: Medusa, 2005) e *Máscara âmbar* (Bauru: Lumme Editor, 2008), ambos do poeta argentino Arturo Carrera; traduziu *Livro deserto* (Curitiba: Medusa, 2014) e **Palavrarmais** (Curitiba: Medusa, 2017), ambos da poeta chilena Cecilia Vicuña; e *Retrato dos Meidosems*, do poeta belga-francês Henri Michaux (Florianópolis-Curitiba: Cultura e Barbárie-Medusa, 2022). Organizou as antologias *Outras praias* (SP: Iluminuras, 1997) e *Fantasma civil* (Curitiba: Medusa-Bienal Internacional de Curitiba, 2011). Participa de várias antologias, das quais, *Passagens*. Org. Ademir Demarchi. Curitiba: Imprensa Oficial do Paraná, 2002; *Na virada do século. Poesia de invenção no Brasil*. Org. Claudio Daniel e Frederico Barbosa. São Paulo: Editora Landy, 2002; *Cities of Chance: an Anthology of New Poetry from Brazil and the United States*. Org. Flávia Rocha e Edwin Torres. New York: Rattapallax, 2003; *Antologia comentada da poesia brasileira do século 21*. Org. Manuel da Costa Pinto. São Paulo: PubliFolha, 2006; *Haikai do Paraná*. Org. Rodrigo Afonso Schmidt e Tereza Hatue de Rezende. Curitiba: APAEX, 2018; *Uma espécie de cinema. Antologia de poemas poemas portugueses e brasileiros*. Org. Celia Pedrosa, et al. Rio de Janeiro: Oficina Raquel, 2019; *Uma pausa na luta*. Org. Manoel Ricardo de Lima. Rio de Janeiro: Mórula Editorial, 2020. Foi editor, junto com Eliana Borges, das revistas de poesia e arte **Medusa** (1998-2000), **Oroboro** (2004-2006) e **Canguru** (2017-2018); com Eliana Borges e Joana Corona, da revista de literatura e artes visuais **Bólide** (2012-2014) e com Eliana Borges, Luana Navarro e Artur do Carmo, da revista de arte **Abrigo portátil** (2016). Depois de morar por uma década em São Paulo e mais três em Curitiba, mudou-se com sua parceira de vida e arte, Eliana Borges, para o Recreio da Serra, em Piraquara, na região metropolitana de Curitiba.

Morada do vazio foi composto na fonte Calibri, impresso sobre os papéis avena 80 gramas e supremo 250 gramas para a Editora Iluminuras, em São Paulo, SP, no inverno de 2023, há 968 anos do nascimento de Minamoto no Toshiyori.